AF377913

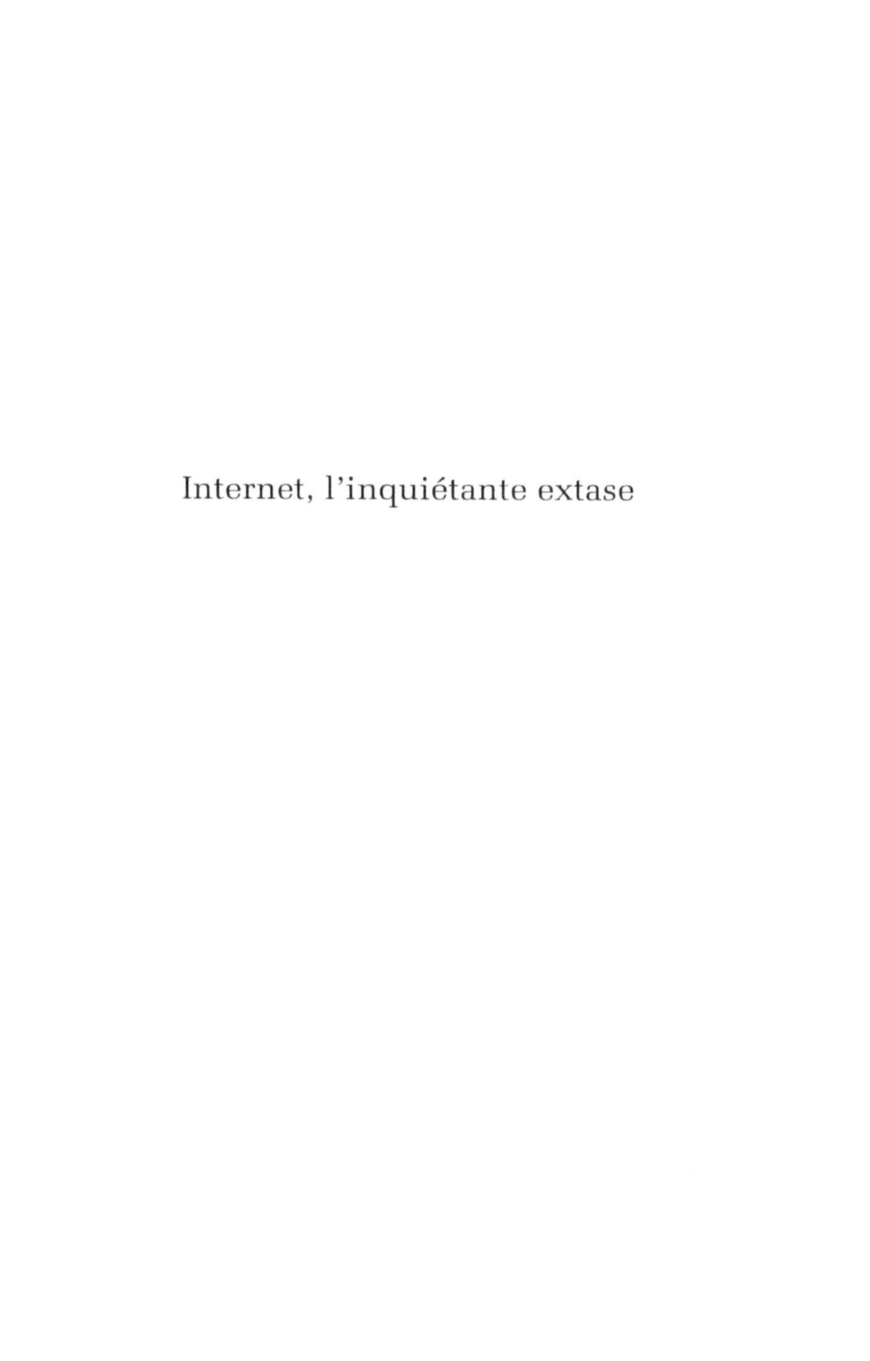

Internet, l'inquiétante extase

Alain Finkielkraut
Paul Soriano

Internet, l'inquiétante extase

MILLE ET UNE NUITS

© Mille et une nuits, département de la Librairie
Arthème Fayard, avril 2001.
ISBN : 978-2-84205-563-9

La Fondation du 2 mars
Pour une pensée libre

Défendre l'expression d'une pensée libre, pour contribuer à instaurer – ou restaurer – une « démocratie forte[1] » : telle est la raison d'être de la Fondation du 2 mars.

Inéluctable et désirable, désirable parce qu'inéluctable : c'est en ces termes que le conformisme dominant décrit le monde qui vient. Il ne s'agit plus d'obtenir notre soumission par la menace de la punition, mais par la promesse du plaisir. Ainsi les citoyens sont-ils sommés d'approuver et même d'aimer ce qui est, conformément à cette nouvelle version du sens de l'Histoire. Que l'on parle de l'euro ou de la puissance supposée irrésistible des marchés financiers, de la fin de l'égalité républicaine ou d'Internet érigé en nouvelle foi, le discours ne varie pas : il n'y a pas d'autre voie possible. Il faut avancer – aux grincheux et autres

1. L'expression est de Pierre-André Taguieff, président de la Fondation du 2 mars.

réactionnaires de se demander vers où. Discours positiviste qui fait écho au « on ne peut rien faire » ânonné par la classe politique, hier face au chômage de masse, aujourd'hui devant le délitement des banlieues.

La Fondation du 2 mars est née – sous le nom de Fondation Marc Bloch – d'une révolte intellectuelle contre ce renoncement des élites à agir pour l'intérêt général. Elle rassemble des intellectuels, syndicalistes, militants, chercheurs et, plus largement, des citoyens soucieux de la chose publique, qui, au-delà de leurs sensibilités diverses, allant du communisme au gaullisme, s'accordent sur le diagnostic. Prise en étau entre les deux forces que sont la mondialisation ultra-libérale et les régressions identitaires de toutes sortes, c'est aujourd'hui la substance même de la démocratie, ce « monde commun » dont parlait Hannah Arendt, qui est menacée. Le conformisme ambiant plombe le débat d'idées, bien plus au demeurant que la volonté consciente des uns ou des autres. En l'absence de choix réels offerts aux électeurs sous couvert d'un clivage droite-gauche devenu largement rhétorique, la vie politique est dominée par le « Parti pluriel unique ». La montée corrélative de l'abstention électorale alimente le dangereux fantasme d'une Cité gouvernée par les journalistes, les juges et les experts.

Face à cette évolution, l'indignation ne suffit pas. Seul le travail intellectuel, garant d'une réflexion rigoureuse et indépendante permettra de penser les mutations que vit notre civilisation et de replacer l'idée d'intérêt général au cœur du débat public et de l'action politique.

Ouverte à tous ceux qui refusent le diktat des « évidences » et sont prêts à prendre le risque de penser à contre-courant, la Fondation a organisé un grand nombre de conférences et de débats ainsi que trois universités d'été. Par ailleurs, elle a publié, sous forme de notes et de livres, de nombreux textes, écrits aussi bien par des auteurs connus que par de jeunes chercheurs.

Aujourd'hui, et c'est le sens de son partenariat avec Mille et une nuits, la Fondation du 2 mars entend élargir ses champs d'investigation, son audience et l'éventail de ses intervenants: la liberté de penser ne saurait être restreinte par une quelconque logique de camp. Les thèmes abordés doivent donc aussi bien répondre aux grandes interrogations politiques qu'aux questions posées dans le champ de la culture ou de la société. Cette nouvelle collection initie une politique éditoriale ambitieuse destinée, non pas à imposer ou à défendre une quelconque « ligne », mais à stimuler la réflexion d'un large public.

Élisabeth LÉVY
Secrétaire générale

Membres fondateurs de la Fondation

Jean-Marie Alexandre, Luc Allaire, Élizabeth Altschull,
Sylvie Barrière, Jean-Claude Barreau, Philippe Bauchard,
Gérard Bélorgey, Olivier Beyeler, Laurent Bilke, Françoise Blin,
Guy Bois, Paul Boccara, Érick Boccara, Rony Brauman,
Thierry Bondoux, Olivier Brisson, Dominique Cabrera,
Jean-Claude Chesnais, René Cleitman, Philippe Cohen,
Patrice Cohen-Seat, Gabriel Colletis, Jean-Christophe Comor,
Patrick Compte, Michel Ciardi, Alain Cotta, Michelle Cotta,
Philippe Courrège, Chantal Cumunel, Paul-Marie Coûteaux,
François Degans, Charles Demons, Éric Dior, Yves Dimicoli,
Alain Eck, Claude Eliacewick, Richard Emica, Georges Fandos,
Jean-Louis Farrugia, Daniel Fedou, Philippe Foussier,
Max Gallo, François Gaudu, Alain Gély, Jean-Pierre Gérard,
François Gouyette, Henri Guaino, Jérôme Guedj, Patrick Guiol,
Éric Hamraoui, Patrick Harismendy, Roland Hureaux,
Édouard Husson, Jean-François Kahn, Philippe Labarde,
Yves Lacoste, Gérard Lafay, Didier Laval,
Georges-François Leclerc, Christian Lefebvre, Daniel Lefeuvre,
Élisabeth Lévy, Georges Liébert, Marie-Pierre Logelin,
Joseph Macé-Scaron, Jean Magniadas, Paul Marchelli,
Jacques Marseille, David Martin-Castelnau, Luis Martinez,
Philippe Meyer, Roland Meyer, François Miclo,
Michel Moise-Mijon, François Moitrot, François Momon,
Claude Moniquet, Jacques de Montéty, François Morvan,
Didier Motchane, Jacques Nikonoff, Marc Ollivier,
Jean-Claude Paul-Dejean, Philippe Petit, Charles Rojzman,
Jean-Noël Poirier, Jacky Reault, François Renouard,
Bernard Reumaux, Luc Richard,
Marc Riqlet-Chevanche, Christian Romain,
Philippe Roos, Stéphane Rozes,
Jean-Christophe Rufin, Jean-Claude Salomon,
Alain Sieksig, Arnaud Spire,
Pierre-André Taguieff, Bernard Teper, Jean-Paul Tessonier,
Christine Todd, Emmanuel Todd, Michèle Tribalat,
Michèle Troper, Pierre Trouiller, Bernard Vasseur,
Marc Vilbenoît, Alexandre Wickham, Jean-Louis Wormser.

Sommaire

« Les nouveaux pouvoirs contre la démocratie » : tel était le thème de la troisième université d'été de la Fondation du 2 mars. En effet, confrontées à un processus de mondialisation économique accélérée présenté comme inéluctable et donc désirable, nos sociétés voient émerger ou se renforcer des puissances qui se rient des frontières et s'affranchissent de toute légitimité démocratique : marchés financiers, mafias.

Internet, et plus largement les nouvelles technologies de l'information dont on nous vante l'omniprésence, constitue assurément le média le plus adapté à l'idéologie qui prône la fin de l'Histoire et l'effacement de toutes les frontières.

Assiste-t-on, pour autant, avec le développement de la société de l'information et d'Internet, à la mise en place d'un univers orwellien, caractérisé par l'uniformité et le fichage généralisé ?

La Fondation du 2 mars a reçu pour en débattre Alain Finkielkraut et Paul Soriano. Face à cette question, on serait porté à penser que la distribution des rôles est déjà fixée : Alain Finkielkraut en position d'attaque et Paul Soriano en défense...

Or, les choses ne sont pas si simples. Alain Finkielkraut, homme de la culture classique, de la tradition, un « archaïque » pour nos « modernoïdes », étonnera. Il étonnera ceux qui le considèrent comme un ringard. Quant à Paul Soriano, homme du nouveau monde, il est une sorte de mutant car il le décode avec les yeux de l'ancien, de la culture et de l'écrit... Nous allons peut-être assister à un intéressant chassé-croisé ou, en tout cas, à la formulation d'une critique moins attendue et plus paradoxale de ce monde multimédia que l'on nous somme d'aimer...

Alain Finkielkraut

Fatale Liberté

Lorsque j'entends les slogans de la révolution numérique, quand je regarde – comment faire autrement ? – ses innombrables films publicitaires, j'ai la pénible impression d'habiter le royaume des morts, d'être le survivant un peu hébété d'un monde englouti, rescapé de l'Atlantide.

Ces slogans et ces films, extatiques et impitoyables, me rappellent à ma condition de vestige, de fossile, de résidu, de relique, d'anachronisme, d'homme des cavernes, de dinosaure, de ci-devant... Je suis, me disent-ils, le témoignage incarné de l'Ancien Régime, de la communication d'avant l'interconnection, de la vie mutilée d'avant la vie.com

Il ne tient qu'à moi, il est vrai, de faire partie de la génération Internet puisqu'elle est précisément transgénérationnelle. On ne me demande qu'une seule chose : être « *ready* ».

Mais, c'est vrai, je résiste, je me braque, je

reste obstinément décroché des « forces vives » : tenant à distance les nouvelles machines, je me barricade, en quelque sorte, dans le révolu, je m'arc-boute à mon stylo, à mes paperasses, et à mes chers amis, les livres.

Alors, en m'invitant, en me réquisitionnant même, pour cette table ronde, la Fondation du 2 mars m'oblige à produire mes raisons et à élucider cette technophobie pour reprendre un instant, un instant seulement, le terme forgé par les « technolâtres ».

Donc je boude l'écran, mais puis-je vouloir que la maxime de cette bouderie devienne une loi universelle ?

J'écarte d'abord l'hypothèse psychologique de la paresse et celle, physiologique, du vieillissement.

Certes, plus on avance en âge, plus on se ménage, moins on est flexible, ouvert, adaptable. La raideur est le triste apanage du ringard.

Mais il y a tant de seniors qui naviguent euphoriquement dans le cyberespace et qui, aussitôt revenus de leur premier voyage, mettent à vous convertir un zèle de tous les instants qu'il faut un effort de volonté pour *ne pas* vivre connecté.

Les vieux et les jeunes, les collègues et les enfants, tout le monde aujourd'hui relaie l'engagement pris par France Telecom de me « faire aimer le monde de l'an 2000 », c'est-à-dire le monde du multimédia. Peut-être me manquera-t-il un jour l'énergie de dire non, la paresse alors l'emportera et je souscrirai à la logique historique, je me laisserai porter par la vague et je nagerai, pour avoir la paix, dans le sens du courant.

La deuxième hypothèse m'est suggérée par le discours apocalyptique qui répond aujourd'hui au développement planétaire d'Internet, car l'enthousiasme pour la quatrième dimension est certes majoritaire et transgénérationnel, je l'ai dit, mais il n'est pas unanime. Comme le montrent Michel Béra et Éric Méchoulan[1], l'Internet permet la création d'un grenier de données où sont répertoriés, classés, fichés les individus comme jamais auparavant.

Une *évaluation* ininterrompue risque fort d'accompagner notre *évolution* sur la Toile et avec elle un affinage constant, une perpétuelle mise à jour de notre profil de citoyen ou de consommateur. Rien n'échappant à l'enregistrement, il n'est rien non plus qui ne soit, d'une manière ou d'une autre, exploitable.

Alors c'en sera peut-être fini bientôt du droit de s'effacer ou d'exister sans laisser de traces.

---

1. *La Machine Internet*, Odile Jacob, 1999.

Nous aurons conquis tous les droits et perdu le droit à la discrétion.

Plus il y aura de prothèses, moins nous aurons de vie privée ou même de for intérieur. Chacun de nos gestes, chacune de nos pensées, chacun de nos rêves s'inscrira quelque part et sera donc un renseignement, voire un aveu. Nous aurons beau chuchoter, nous serons écoutés. Un espionnage généralisé redoublera la communication sans frontière et, en dépit de leur anarchisme flamboyant et de leur hostilité militante à toute forme de régulation, les libres enfants du numérique seront pris dans la Toile.

Alors, qui sera la Grande Araignée ? Qui tirera bénéfice de cet archivage sans reste ? Moins peut-être les États que les entreprises, les groupes colossaux et les multinationales, pour la plupart américaines, qui possèdent les satellites, les câbles et qui contrôlent les flux ? Mais cette translation n'a rien de rassurant et Big Brother peut avoir plus d'un visage.

L'entrée dans l'ère de la traçabilité universelle ou de l'omnimémorisation accrédite l'idée deleuzienne d'un remplacement de l'homme des disciplines par l'homme du contrôle.

Les sociétés disciplinaires, explique Gilles Deleuze dans un livre intitulé *Pourparlers*, faisaient passer les individus d'un milieu clos à un autre, de la famille à l'école, de l'école à la caserne, de la caserne à l'usine et elles avaient pour équipement des *machines énergétiques.* Équipée, désormais de *machines informatiques*, la société fonctionne, non plus par enfermement mais à l'air libre, par contrôle continu et communication instantanée. Danger totalitaire d'une surveillance omniprésente ; danger impérialiste d'une colonisation de l'hypermonde par l'Amérique triomphante, un nouveau pouvoir est peut-être en train de se mettre en place avec Internet, « cette sorte de demoiselle du téléphone capable de se souvenir, non seulement de tous les expéditeurs et de tous les destinataires des messages de toute nature, mais encore du contenu de ces messages », comme l'écrivent Michel Béra et Éric Méchoulan. Il serait difficile de ne pas frémir devant une telle perspective : je frémis, donc. Mais si je veux être honnête, je dois aussi reconnaître que cette crainte reste pour moi un peu formelle, pour ne pas dire virtuelle, et que l'inquiétude apocalyptique des ennemis déclarés de la vie en ligne n'emporte pas complètement mon adhésion.

Aux menaces, aux inconvénients, aux pertes déplorées par ceux qui voient d'un mauvais œil la déferlante du multimédia bouleverser nos habitudes de consommation et notre environnement quotidien comme le comportement privé, professionnel et bientôt politique, les amis du Net opposent les promesses fantastiques de la nouvelle frontière, et je crois qu'ils ont raison. Les avantages l'emportent sur les inconvénients, les gains sur les pertes, les promesses de liberté sur les menaces de domination. L'utopie est à nos portes, le lyrisme libertaire est plus en phase avec le monde à venir que la rhétorique crépusculaire et *c'est bien cela qui devrait faire peur.*

J'ai trouvé, en effet et à mon grand étonnement, davantage de motifs d'inquiétude dans l'aurore annoncée par les amis d'Internet que dans les discours d'apocalypse des ennemis d'Internet. Car ce n'est pas de la publicité mensongère que d'affirmer que l'hypermédia planétaire offre un monde toujours plus *flexible* et plus *accessible* à un individu doté du privilège de l'*apesanteur*, de l'*ubiquité* et de l'*interactivité*. Il est bien vrai que l'utilisateur des nouvelles machines a, liée à une liberté d'accès et une liberté de choix totales, la possibilité de jouer à sa guise avec les données du texte, du son et de l'image désormais imbriquées. Ce qui était loin est à portée de clavier, ce qui était public se privatise, ce qui était impératif devient interactif. L'ère de la standardisation médiatique est close, nous entrons dans l'ère du « sur-mesure ». Nicholas Negroponte, directeur du laboratoire des médias du MIT, a cette phrase : « L'heure de grande écoute est mon heure d'écoute. » Les nouveaux médias ne sont plus les *massmedia*. Pour le dire dans la langue des initiés, on passe de plus en plus du *broadcast* au *pointcast*, c'est-à-dire de l'information commune au ciblage de l'information. Certes, tout n'est pas encore parfait, il y a des couacs, des tâtonnements, des embouteillages, des retards sur la Toile, la circulation n'est pas toujours fluide, mais comme le dit Jean-Marie Guehenno, il suffit d'un peu de patience, l'environnement informatique, comme une vieille chaussure qui a pris la forme du pied qu'elle chausse, épousera les goûts et les habitudes de chaque internaute. Le perfectionnement des moteurs de recherche évitera les mauvaises surprises et les rencontres dérangeantes : « où je veux, quand je veux, si je veux… » Telle est la devise jubilatoire des navigateurs du virtuel. Et telle sera très bientôt leur réalité. Mais qu'en sera-t-il alors du reste, de ce qui résiste, de ce qui désarçonne ? Qu'en est-il de l'extériorité ? Qu'en est-il du non-moi ? Que devient le monde si le monde est mon monde ?

La soumission de la réalité aux représentations et aux diktats de la volonté n'est pas une liberté illusoire, mais c'est une *liberté fatale* en ceci qu'elle nous prive de ce qui nous échappe et nous dessaisit de l'inappropriable. Cette idée de *liberté fatale* m'a été suggérée, non par un philosophe, mais par un cinéaste : Fellini, mort trop tôt pour penser l'Internet, mais qui a, mieux que personne, décrit la passation des pouvoirs entre le cinéma et la télévision.

Voici ce qu'il écrit :

« Je pense que le cinéma a perdu de son autorité, mystère, prestige, magie. Cet écran gigantesque qui domine une salle amoureusement rassemblée devant lui, remplie de tout petits hommes qui regardent, d'immenses faces, d'immenses lèvres, d'immenses yeux, vivant et respirant dans une autre, une inatteignable dimension, fantastique et à la fois réelle, comme celle du rêve, cet écran grand et magique ne fascine plus : nous avons appris désormais à le dominer, nous sommes plus grands que lui. Voyez ce que nous en avons fait : un tout petit écran, petit comme un coussin, entre la bibliothèque et un pot de fleurs. Parfois, on le met même dans la cuisine, près du réfrigérateur. Il est devenu un appareil électroménager et nous, dans notre fauteuil, notre télécommande à la main, nous exerçons sur ces petites images un pouvoir total en nous acharnant contre ce qui nous est étranger ou nous ennuie. Dans une salle de cinéma, même si le film ne nous plaisait guère, la timidité que nous inspirait le grand écran nous obligeait à rester à notre place jusqu'à la fin, ne fût-ce que par une cohérence d'espèce économique : nous avions payé notre billet. Mais à présent, par une sorte de revanche rancunière, pour peu que ce que nous voyons commence à exiger une attention que nous n'avons nulle envie d'accorder, un coup de pouce et nous réduisons au silence n'importe qui, nous effaçons les images qui ne nous intéressent pas, nous sommes les maîtres : Quelle barbe ce Bergman ! Qui a dit que Buñuel est un grand metteur en scène ? Sortez de cette maison, je veux voir le foot ou les variétés. Ainsi est né un spectateur tyran, despote absolu qui fait ce qu'il veut et se persuade de plus en plus que le cinéaste c'est lui ou du moins le montreur des images qu'il est en train de regarder. » [1]

Cette réflexion sur la passation des pouvoirs entre le cinéma et la télévision situe Fellini aux antipodes de Brecht et de son célèbre

---

1. *Fellini par Fellini*, Calmann-Lévy, 1983, pp. 192-193.

« *Verfremdungseffekt* », cet effet d'étrangeté, d'éloignement ou, comme on dit aussi, de distanciation, qu'il préconisait contre l'effet hypnotique du théâtre traditionnel : plutôt que d'envoûter les spectateurs et les plonger dans un état étrange, Brecht voulait les *défasciner*. Il ne supportait pas que « les enfants de l'ère scientifique » puissent rester *bouche bée*. Ce que ne supporte pas, en revanche, Fellini, c'est que les prothèses de l'ère scientifique suppriment implacablement cette possibilité et permettent à chacun de punir la supériorité, d'obtenir sa revanche sur la hauteur. Du cinéma à la télévision, ce qui tombe, c'est l'aliénation, la possibilité de s'en remettre à un autre. Ivre de pouvoir, le spectateur devient du même coup l'esclave de sa volonté, le captif de son propre pouvoir discrétionnaire. Bouclé dans sa demande, livré à la satisfaction immédiate de ses envies ou de ses impatiences, prisonnier du *zéro délai*, l'homme à la télécommande n'est pas condamné à être libre, il est condamné à lui-même par sa fatale liberté. Rien ne lui est interdit sauf, peut-être, d'être lui-même interdit ou interloqué. Et cette condamnation s'aggrave : maintenant, au pouvoir de zapper et d'interrompre s'ajoute celui de surfer, de cliquer et d'intervenir.

Or, c'est précisément, XXIe siècle oblige, ce despote fébrile, cet individu souverain et inaliénable qui fait avec Internet son entrée irrésistible à l'école : tous les jours nos quotidiens évoquent l'arrivée des nouvelles technologies au lycée, au collège, dans le primaire, et les extraordinaires mutations dont elles sont porteuses.

En effet, cette invasion est irrésistible, parce que la volonté de modernisation se conjugue en l'occurrence avec le souci républicain de ne fermer à personne la porte de la nouvelle Cité. N'est-ce pas une bonne action que de réduire, voire de résorber la fracture numérique (le *digital divide*) et de créer une société d'information pour tous en mettant toutes les classes de toutes les écoles *on line* ? Peut-être.

Mais ce serait une bien meilleure action que de se demander (avant de commettre l'irréparable, et d'en finir dès l'école – ou mieux par l'école – avec « l'infopauvreté ») : qu'est-ce qu'un *inforiche* ?

Une première réponse à cette question est fournie par le journaliste Michel Alberganti, dans un livre intitulé *À l'école des robots, l'informatique, l'école et vos enfants*[1].

Alberganti oppose le XIXe siècle, dont nous

____

1. Calmann-Lévy, 2000.

relevons encore, au XXIe qui est en train de nous en délivrer.

L'école du XIXe siècle a deux modèles : la Prison et l'Église.

Premier modèle : la Prison.

« L'école, prison où les élèves apprennent dans des classes cellules, dirigées par des professeurs, gardiens exclusifs des connaissances autorisées. »

C'est une image caricaturale, concède aussitôt Alberganti, mais il ajoute qu'elle décrit de façon assez juste le cadre général du système éducatif traditionnel. Nous sommes renvoyés aux sociétés disciplinaires dont parle Gilles Deleuze.

Second modèle, toujours selon Alberganti : l'Église.

« L'enseignement prêcheur du XIXe siècle réclamait une écoute religieuse de la part des enfants. »

Les caractéristiques majeures du XXIe siècle, au contraire, sont l'ouverture et l'interactivité. Ouverture : « Internet branche chacun sur le bouillonnement permanent des idées et la complexité de la vie réelle, les professeurs ne sont plus les seules sources d'information. » L'enseignant mentor doit donc succéder à l'enseignant prêcheur.

Interactivité : « C'en est fini, dit encore Alberganti, du prêche unidirectionnel. » Plus rien, en fait, n'est unidirectionnel, même et surtout pas l'écrit.

Un chapitre de l'ouvrage *À l'école des robots*, tout à fait intéressant, est intitulé, de façon prospective, « 25 novembre 2010, *Projet Rimbaud* ». L'auteur se donne dix ans pour que la technique et le renouvellement des générations permettent d'en finir une fois pour toutes avec le XIXe siècle (qui, à l'en croire, a mordu sur le XXe jusqu'à l'engloutir tout entier).

Le *Projet Rimbaud* est un travail collectif et multinational. Trois établissements y participent : les collèges de Courbevoie et de Charleville, et le Centre culturel français au Yémen. Il doit aboutir à la création en commun d'un DVD sur l'œuvre du poète et sa vie aventureuse.

Un agent pédagogique virtuel, baptisé *Verlaine*, coordonne les contributions des élèves et les interventions des trois professeurs : des enseignants numériques déchargent les enseignants humains de leurs tâches les plus répétitives. *Verlaine* et les trois éducateurs charnels travaillent, si j'ose dire, la main dans la main...

Les tâches sont partagées : à Charleville et à Courbevoie, on mène des enquêtes sur le parcours du poète en France (évocation du Paris de 1870 avec une caméra vidéo numérique) à Aden ; on s'intéresse, bien entendu, à la saga africaine du poète.

Les trois classes travaillent en outre sur « Le Dormeur du val ». « Ce sonnet dénonçait la cruauté des combats de façon étonnamment moderne, écrit Michel Alberganti. Au-delà de l'analyse de la construction du poème, les élèves, qui ont l'âge du poète, tenteront d'en écrire de nouvelles versions à partir de *leurs propres sentiments* sur la mort violente d'adolescents. » [1]

Avec tous ces merveilleux instruments, avec toutes ces techniques futuristes, nos élèves deviendront-ils de meilleurs lecteurs de Rimbaud attentifs à ce qu'il a d'unique et peut-être d'inactuel à nous dire ? Non, bien sûr, car il leur faudrait pour cela s'immobiliser, se débrancher, s'écarter de leurs habitudes et de leurs allégeances, non se mettre en réseau.

Un poème est un poème, et c'est sur une feuille imprimée qu'on peut le découvrir, y revenir, l'apprendre, l'expliquer. Il faut aux mots du poème un domicile fixe, un lieu où on les laisse tranquilles. Ce lieu, c'est le livre.

L'écran remplit donc un tout autre rôle.

---

1. *Ibid.*, p. 96.

L'élève internaute n'est plus lecteur, mais un reporter du passé, un collecteur d'informations, un journaliste dans l'Histoire. Et c'est aussi un créateur, un jeune stimulé par un autre jeune – Arthur – à mettre en mots sa révolte contre la société, contre la police, contre le racisme.

Nul besoin d'Internet pour lire. On a besoin d'Internet, en revanche, pour noyer le livre. On a besoin d'Internet pour mettre les mots en mouvement, pour les faire voler, pour en finir avec le *scripta manent* ! On a besoin d'Internet pour passer de l'auteur et des égards qu'on lui doit à la *communication* exubérante et au *droit d'être auteur* désormais reconnu à chacun. On a besoin d'Internet pour dissoudre toute sacralité, toute altérité, toute transcendance dans l'information et dans l'interaction. On a besoin d'Internet pour passer de l'œuvre à ce qu'on appelait, avec une subversive majuscule, dans les années soixante-dix, le Texte.

« L'œuvre, écrivait Barthes en 1971, est prise dans un processus de filiation : l'auteur est réputé le Père et le propriétaire de son œuvre, la science littéraire apprend donc à respecter le manuscrit et les intentions déclarées de l'auteur, la société postule une légalité du rapport de l'auteur à son œuvre. C'est le droit d'auteur, à vrai dire récent, puisqu'il n'a été vraiment légalisé qu'à la Révolution. Le Texte, continue Barthes, se lit sans l'inscription du Père. La métaphore du Texte se détache ici encore de la métaphore de l'œuvre. La métaphore de l'œuvre renvoie à l'image d'un *organisme*, la métaphore du Texte est celle du *réseau* ; si le Texte s'étend, c'est sous l'effet d'une combinatoire, aucun respect vital ne lui est dû. Il peut être *cassé* [...]. Le Texte peut se lire sans la garantie de son Père : la restitution de l'intertexte abolit paradoxalement l'héritage. » [1]

Donc deux mondes radicalement opposés : l'œuvre et le Texte.

Dans le monde de l'œuvre, le lecteur a des comptes à rendre, dans le monde du Texte, le lecteur joue. Dans le monde de l'œuvre, l'auteur est donateur de sens, le Texte est l'espace où aucun langage n'a barre sur un autre. L'œuvre appartient à la terre, le Texte à l'océan. L'œuvre est en dur, le Texte est ductile. L'œuvre se distingue, se détache, se démarque de tout ce qu'elle n'est pas, le Texte n'a pas de limite assignable. Il y a un autre de l'œuvre, tout est texte et nul texte ne peut se clore sur lui-même. L'œuvre oblige, le Texte est à disposition. L'œuvre maintient les hommes sous le régime

____

1. Roland Barthes, *Œuvres Complètes II*, Le Seuil, 1994, p. 1215.

de la dette. Destituant la vérité au profit de la pluralité des codes, des entrées, des parcours, des réseaux et des combinatoires, le Texte, c'est l'œuvre ouverte et offerte à des hommes flottants, désaffiliés.

« Il est effrayant de penser, écrit Péguy, homme de la dette, que nous avons toute licence, que nous avons le droit exorbitant, que nous avons le droit de faire une mauvaise lecture de l'œuvre. Quel risque effroyable, quelle aventure effroyable et surtout, quelle effrayante responsabilité ! »

Contre ce droit exorbitant, l'Occident avait fait de *la lecture* un acte sacré, ou selon la belle formule de George Steiner, « une rencontre civile presque courtoise, entre une personne privée et l'un de ces "hôtes de marque" dont Hölderlin évoque l'entrée dans les demeures mortelles dans son hymne *Comme par un jour de fête*[1]. » Il s'agissait au fond de répondre à l'inquiétude exprimée par Platon dans *Phèdre* et de montrer qu'une œuvre écrite pouvait être respectée, comprise, lue, défendue contre l'injure, la désinvolture ou la casse, *même en l'absence de son Père*.

Orgueilleusement *parricide*, la théorie des années soixante-dix donne raison à Platon et à

---

1. George Steiner, *Passions impunies*, Gallimard, 1997, p. 12.

ses sombres pronostics sur le destin de l'écriture. Que son Père ne soit plus là pour porter assistance au discours écrit et le tirer d'affaire, c'est très bien, dit maintenant la théorie ; que s'élèvent à son sujet des voix discordantes, c'est parfait ; la pluralité des lectures est la vérité de l'écriture, celle-ci accomplit sa vocation en roulant de droite et de gauche...

Ce parricide théorique a reçu son prolongement technique avec l'informatisation du monde. L'intertexte est devenu l'Internet ; et les citoyens du *cyberespace* célèbrent comme *une victoire de l'égalité* la liquéfaction de l'auteur : « L'auteur ne disparaît pas, bien sûr, écrit Mona Chollet, journaliste à *Charlie-Hebdo*, en revanche, il quitte le piédestal sur lequel la prédominance des supports statistiques – livres, disques – avait permis qu'on le place. Son propos peut être en permanence modifié, complété, voire, s'il ne s'agit pas de fiction, contesté, réfuté [...]. La recombinaison permanente met en évidence la relativité et la précarité du tout savoir. Sur l'Internet, l'auteur se rapproche du simple quidam, et le simple quidam se rapproche de l'auteur. »[1]

L'homme, à son clavier, a résilié ses *dettes* :

---

1. Mona Chollet, « Marchands et Citoyens », janvier 2001.

il ne connaît que ses *droits*. Partenaire convivial du sens et non plus passif destinataire, il est l'homme qui vaut tous les hommes et que vaut n'importe qui ; libre, c'est-à-dire souverain, il tient en main le monde. Avec l'usage « citoyen » de l'Internet, les principes de la démocratie triomphent de toute hiérarchie et de toute autorité : merveilleuse perspective et qui justifie le refus d'abandonner le grand réseau à Big Brother ou aux marchands du temple.

Mais il y a un revers à cette fluidité.

Il y a quelque chose de mesquin et de détestable dans l'utopie de ce *Waterworld* numérique. Ce qui se perd avec le pouvoir d'interaction et d'intervention gagné sur l'auteur, c'est la possibilité d'échapper à soi-même en *faisant confiance* à quelqu'un.

Marthe Robert cite dans *La Tyrannie de l'imprimé*[1] cette phrase d'un rabbin du Talmud : « Ce qui importe le plus, c'est de transformer son miroir en une fenêtre sur la vie. » Nous avons, pour notre part, transformé nos fenêtres en écrans et de ces écrans, notre droit à la manipulation illimitée est en train de faire inexorablement des miroirs.

---

1. Marthe Robert, Grasset, 1984.

Il est vrai, comme le notait naguère Deleuze, que nous manquons de résistance au présent. Mais, par résistance, il entendait, et avec lui l'ensemble de la pensée critique, la résistance *démocratique* au pouvoir, au contrôle, aux diverses formes de domination. Il n'imaginait pas que nous devions résister au *tout démocratique* de la technique déchaînée. Moins perspicace ou moins sensible que Fellini, il n'imaginait pas la conjoncture d'une *liberté fatale*.

Nous y sommes cependant et « les libres enfants du savoir numérique » n'hésitent pas, quand ils attaquent le droit moral de l'auteur ou la lecture, au sens de Péguy, à se réclamer des grands contestataires.

En d'autres termes, si nous résistons si mal ou si peu, si nous ne savons même pas défendre la dignité de ce qui a perdu la partie, ce n'est pas faute – Dieu sait ! – de théories subversives, c'est parce que, scandalisée par l'autorité, obnubilée par le joug qui s'exerce encore sur nos piaffantes subjectivités, hantée par la dictature des médias, de l'État, de l'Amérique ou du marché, la pensée critique n'a pas d'yeux pour les individus sans égard et les roitelets citoyens que la technique fait surgir.

Débat

*Certains se félicitent de voir émerger une nou-
velle « littérature » qui permet à tout un chacun
de se prétendre auteur. N'y a-t-il pas de merveilleux territoires à explorer pour la création ?*

Le droit d'auteur est remis en question par
les nouvelles technologies après que l'auteur
lui-même a été destitué par la théorie! La subversion d'hier est la technique d'aujourd'hui.

Voyez la conférence inaugurale de Michel
Foucault au Collège de France : « L'Ordre du discours ». Son point de départ est assez étrange.
Foucault s'interroge sur les procédures de raré-
faction de la parole. Il pointe la séparation du
vrai et du faux, du permis et du défendu ainsi
que la constitution de certaines sociétés de discours, ou encore l'invention de l'auteur. Dans le
texte de Foucault, se lit en creux l'utopie d'une
sorte de profusion, de foisonnement des énon-

cés, une fois libérés de toutes les instances de contrôle qui pèsent sur eux.

Passer, en matière de discours, de la rareté à la surabondance... L'école, jusqu'à une date récente, faisait le contraire.

L'école, depuis Platon, c'est la confrontation de ce qui ne mérite pas d'être dit avec les discours admirables, c'est l'intimidation du bavardage. L'école, c'est, ou plutôt c'était, l'apprentissage de l'inhibition préalable à toute parole digne d'être exprimée. L'école ou la conquête de la rareté.

Maintenant la rareté est considérée comme ce avec quoi il faut en finir. Le Net promet et promeut un discours totalement égalisé, une exubérance sans hiérarchie. Et le Net, à l'école, doit mettre fin à la police discursive exercée sur les enfants. Il faut donc que tout le monde s'exprime le plus tôt possible, voire tout le temps, et les machines ont le pouvoir de libérer cette expression.

Ce renversement est très intéressant, de même que la manière dont il a été préparé par la pensée critique. L'utopie foucaldienne se réalise, et comme le dit Paul Claudel, « quand l'homme essaie d'imaginer un paradis sur la terre, ça fait tout de suite un enfer très convenable ».

Internet peut être le pire et le meilleur. Pourquoi voir une fatalité dans cette liberté ? N'y a-t-il pas plusieurs possibles ?

Il est assez facile, du moins théoriquement, de résister à la perspective d'un monde orwellien.

Mais Internet est aussi un espace anti-autoritaire, libertaire. Les internautes sont opposés à toute régulation, d'où les difficultés avec Yahoo et les sites antisémites et nazis.

Après le classement X de son film, le site de Virginie Despentes a reçu plusieurs millions de messages de gens qui venaient dire leur révolte devant une telle interdiction.

Internet, c'est le danger que court la liberté quand on peut garder trace de tout, mais c'est aussi le danger qu'on fait courir aux autres et à soi-même quand on jouit d'une liberté sans limites.

J'ai avancé la notion de *liberté fatale,* car on n'a pas envie de résister à la liberté, il y a dans tout cela quelque chose que nous avons voulu. Chacun d'entre nous a fait l'expérience de la télécommande et des dangers de cette facilité : je pense que zapper et cliquer, c'est pareil.

Sur l'affaire Yahoo, personne ne s'est interrogé sur la réalité du danger. En fait, il est diffi-

cile d'imaginer que quelqu'un va devenir néo-nazi parce qu'il a trouvé du zyklon B grâce à Internet, non ?

Vous avez raison. Ce qui risque de se répandre est plutôt un état d'esprit ultralibertaire qui posera lui-même de graves problèmes politiques.

Je crois qu'il y a aussi d'autres risques. J'ai cité Fellini parce qu'il me semble que sa description de l'individu à la télécommande peut s'appliquer *mutatis mutandis* à l'internaute.

On nous présente Internet comme un magnifique instrument d'information et de communication, mais pourquoi tant d'information, pourquoi tant de communication ?

Et la place pour le reste ? Tout ce qui dans notre vie ne relève ni de l'information ni de la communication. Quelle place pour la contemplation ? Quelle place pour l'admiration ? Quelle place pour la rumination ? Quelle place pour la solitude ?

C'est tout cela que j'ai essayé de mettre en valeur mais, encore une fois, nous sommes mieux équipés, en tant que modernes, pour combattre l'abus de pouvoir, que pour percevoir et désavouer une liberté devenue fatale.

Vous avez parlé de l'école. Mais on nous promet d'autres bouleversements, notamment dans le domaine politique. Pas une semaine ne se passe sans qu'on lise des articles enthousiastes sur la cyberdémocratie...

Ce qui nous attend est peut-être la dissolution, la pulvérisation du monde commun, le passage du *broadcast* au *pointcast*.

Que signifiera l'introduction du vote en ligne pour pallier l'abstention ? Le brouillage des frontières. L'oubli de la différence entre le privé et le public, l'être et le paraître, le consommateur et le citoyen. Le coup de grâce porté aux formes et aux médiations.

Et pourquoi cette hâte des pouvoirs publics, appuyés par les parents d'élèves et par les entreprises, à connecter toutes les écoles de France ? Pourquoi cet acquiescement, cet engouement, cette néomanie furieuse ? Il y a un aspect compassionnel : personne ne doit rester sur le bord du chemin, pas d'infopauvres. Qu'est-ce que ça veut dire ? Les gens qui ne regardent pas la télévision ne sont pas des télépauvres ! Ils sont riches du reste. Cet argument est destiné à faire taire les derniers opposants.

Tout de même, à l'école, n'y aurait-il pas une utilisation intelligente d'Internet ?

Je crois qu'on peut démontrer qu'il s'agit, avec l'Internet à l'école, d'abolir ce qui restait de transcendance, c'est-à-dire d'école dans l'école. Même les « accros » ou les usagers d'Internet devraient refuser la mise en ligne de l'enseignement. Mais aucun mouvement politique ne prendra en charge cette opposition. Jean-Pierre Chevènement a dit qu'il profiterait de ses loisirs pour s'initier à Internet. Si un grand responsable républicain se connecte ostensiblement, cela signifie qu'on a raison de précipiter les nouvelles générations dans le grand bain numérique du XXIe siècle. La pensée technique, autrefois, désenchantait le monde. Aujourd'hui, nous vivons dans l'enchantement de la technique. Si à l'école, il faut aussi, à tout prix, substituer à la rareté des discours un vaste pêle-mêle jubilatoire, alors Internet est la bonne méthode, mais nous en payerons les conséquences.

Dans ces conditions, que doivent faire les parents et les maîtres ? Dire aux enfants : il y a un monde nouveau, mais ce monde nous est interdit ?

Il y a un autre phénomène sur lequel on devrait s'interroger. D'où vient l'appétit des enfants pour le réseau ? Pourquoi vont-ils plus volontiers vers l'écran et la souris que vers les livres ? Cela devrait nous inquiéter, or cela nous excite.

Notre société, en effet, est celle du *mimétisme à l'envers*. Les Grecs disaient que la pudeur était un sentiment très important dans l'éducation. Ils entendaient par pudeur le souci de l'opinion des autres, c'est-à-dire le souci de l'opinion des plus vieux, des maîtres. Les enfants dotés de cette pudeur étaient ouverts et disponibles. Ils pouvaient être enseignés.

Cette pudeur-là a complètement disparu, elle a été remplacée par une autre : le souci de l'opinion des enfants, jusque dans l'école. C'est cela le mimétisme à l'envers. Le fait que les enfants aient un tel appétit de ces techniques et une telle difficulté à aller vers les livres devraient nous amener à défendre les livres et à comprendre que l'écran ludique est tout autre chose qu'un instrument pour lire mieux. Nous sommes, au contraire, invités à nous mettre, sans tarder, à l'école technophile de nos enfants.

Vous semblez croire que la technique crée en tant que telle une culture, voire une nouvelle transcendance, et ceci, qu'on le veuille ou pas. On peut aussi imaginer que l'homme domestique cette nouvelle technologie, comme il l'a toujours fait avec les technologies au lieu de se laisser transformer passivement par elle, comme vous le redoutez.

Sans rentrer dans le débat sur la poule et l'œuf, je constate que notre société a bénéficié de plusieurs révolutions techniques et industrielles. Aucune de ces révolutions n'a modifié la structure de la classe, ni *a fortiori* la relation d'enseignement.

De Gaulle n'aimait pas le téléphone, d'autres l'aimaient, mais on n'a pas introduit le téléphone à l'école. On ne doit pas oublier que l'espace médiatique est séducteur et fait pour l'amusement, mais on peut aussi juger que c'est le seul espace public que nous ayons et, du fait de cette ambivalence, accepter de s'exprimer à la télévision. Pour autant, on n'a pas jugé bon d'introduire le petit écran dans les établissements scolaires. Avec l'ordinateur, tout change : l'école doit impérativement s'ouvrir à ces nouvelles technologies dont on vous explique par ailleurs, surtout quand vous êtes rétif, que le maniement est extrêmement simple.

Mais alors, que veulent les partisans d'Internet à l'école ? Abrutir nos enfants ?

C'est qu'il s'agit d'autre chose que du maniement des nouvelles technologies, il s'agit d'en finir avec un monde caractérisé par le recueillement et la verticalité pour entrer dans un monde caractérisé par l'ouverture et l'horizontalité : les internautes sont à égalité pour créer et communiquer. Les enfants qui travaillent sur le projet *Rimbaud* n'ont pas pour vocation d'entendre et de méditer la poésie de Rimbaud. Il ne s'agit pas de leur apprendre à vivre avec les œuvres, il s'agit de leur apprendre à créer un DVD, c'est-à-dire à être des auteurs, dans une société d'information, en glanant des informations sur Rimbaud et à être des auteurs, au sens poétique du terme, en écrivant un texte, j'imagine en vers libres ou en prose, sur la mort violente d'un adolescent d'aujourd'hui. Tout cela montre bien de quoi il retourne avec Internet. Il s'agit d'une mutation radicale. Oui ou non, sommes-nous prêts à cette mutation ? Considérons-nous qu'elle est nécessaire, ou pensons-nous qu'il est important d'apprendre à ceux qui deviendront des adultes au XXIe siècle de vivre avec les œuvres ? Acceptons-nous de sacrifier la méditation à l'agitation, et la passion de comprendre à la passion de communiquer ?

En même temps, pouvons-nous nous contenter de nous enfermer dans le refus ? Peut-on purement et simplement évacuer de l'école ces nouveaux instruments ?

Dans l'espace réservé à la transmission, on devrait être capable de réfréner l'ardeur informatique comme on a été capable de dire non à la télévision.

Mais aujourd'hui, on dit oui à la télévision aussi, avec un prétexte critique, non plus un prétexte égalitaire : nous devons apprendre à décrypter les images ou à mettre les images en perspective.

L'offensive technologique est fondée sur l'idée selon laquelle la fermeture de l'école relève d'un archaïsme disciplinaire et atteste la persistance scandaleuse du modèle carcéral ou sacerdotal dans nos sociétés.

Méprisons-nous le *maître* au point de voir en lui, au mieux, le détenteur d'une parole révélée, soustraite à l'argumentation, et, au pire, un gardien de prison ? Acceptons-nous l'idée que le maître ne soit plus qu'un mentor ? La République des moniteurs doit-elle succéder à celle des professeurs ?

La vocation d'Internet à l'école est portée par l'idée d'hypertexte, c'est-à-dire la volonté d'en finir avec le texte unidirectionnel. C'est, nous dit-on, l'ultime étape du processus de sécularisation entamé au sortir du Moyen Âge. Du livre aux livres, des livres à l'intelligence collective et à la « planète des esprits » : tel est, selon les enthousiastes des nouvelles machines, l'itinéraire triomphant de la laïcité.

Il y avait l'autorité du prêtre, il y avait l'autorité du maître, il y avait l'autorité de l'auteur : tous ces *surmois* sont engloutis dans le grand pêle-mêle du numérique.

Voulons-nous ou non de cette désacralisation ? Ne devons-nous pas penser plutôt que ce serait *la désacralisation de trop* ?

N'y a-t-il pas une spécificité des technologies de l'information ? À la différence d'autres innovations, elles ne produisent pas, si on peut dire, d'effets secondaires nocifs sur l'individu ou sur la collectivité.

Michel Serres, par exemple, célèbre avec le multimédia l'heureux renversement de Prométhée par Hermès. Nous passerions de la métallurgie aux messageries et du monde de la transformation des choses à celui de l'information généralisée. Et, ajoute Michel Serres, Hermès n'est pas toxique, il n'agresse pas la Terre.

Mais, cet angélisme ne tient pas la route. Prenons l'exemple des biotechnologies : voici qu'on interprète les phénomènes naturels en termes d'*information*, et qu'on devient capable d'identifier et de recombiner l'alphabet génétique à notre diposition. Une nouvelle matrice opératoire se met en place. À l'ère informationnelle, la sphère du non-manipulable se réduit sans cesse. D'où la question : *jusqu'où ?* L'idée du progrès nous quitte. À l'idéal de *perfectibilité*, c'est-à-dire de *dépassement* perpétuel, se substitue la nécessité grandissante de fixer des *limites*. Et le multimédia ne nous facilitera pas la tâche. Internet favorise la constitution et l'épanouissement d'un individu zéro-délai, qui ne conçoit la réalité que comme malléabilité. Il sera particulièrement difficile de convertir cet enfant gâté à la pensée des limites ou au sens de la mesure. L'exception réclamée pour Internet comme technologie non salissante n'a donc pas lieu d'être. D'ailleurs que fait-on sur la Toile, sinon passer commande ? Et ce dont on a passé commande, il faut bien le produire et l'acheminer. *Hermès* n'est pas le *sucesseur de Prométhée, mais son avatar.*

Paul Soriano

Le Zéro-un et l'Infini :
un humanisme sans homme ?

Rêve de bonheur planétaire ou terreur de l'apocalypse : toutes les révolutions techniques produisent leur lot d'utopies, optimistes ou pessimistes. Paradoxalement, ce sont les optimistes qui inquiètent le plus. Qui d'entre nous souhaiterait vraiment habiter la *cité idéale* ou ce *meilleur des mondes* où l'imperfection des lois humaines cèderait à la rigueur des lois naturelles, où le désordre du débat régresserait face à l'ordre des processus techniques ?

Internet et le *cyberespace* n'échappent pas à la règle. En France, par exemple, Pierre Lévy nous a donné avec sa *World Philosophie* la plus radicale des utopies optimistes, où les humains promus à la dignité de neurones du grand cerveau planétaire pourraient, en conséquence (les neurones n'ont pas de cerveau), faire l'économie d'un appendice d'aspect somme toute assez peu ragoûtant. D'autant que dans le *deuxième monde* chacun de nos organes disposerait d'une adresse e-mail pour manifester son émancipation du corps, structure hiérarchique d'oppression par excellence. Dans un autre registre, celui des biotechniques, Francis Fukuyama annonce non seulement une banale *fin de l'Histoire*, mais, plus hardiment, la *fin de l'humain*. Face à ces enthousiastes, il faut reconnaître que les prophètes de malheur hésitent entre déploration (Paul Virilio) et *politique du pire*, tels Baudrillard prenant acte avec assez de verve de la *disparition du réel* ou encore Philippe Muray qui s'afflige avec talent des pitreries de son *homo festivus* hébété. Le dernier livre de Jeremy Rifkin [1] nous donne une vision plus terrifiante encore de *l'âge de l'accès* – mais peut-être à l'insu de son auteur.

Pour autant, le pire n'est pas inéluctable : encore faut-il savoir à quoi il ressemble, et comment il advient. C'est ce que nous nous emploierons à faire ici, de manière un peu systématique. Ce monde, cet *anti-monde* possible, on l'appellera *monde zéro* : zéro délai, zéro stock, zéro mémoire, zéro culture, zéro identité, zéro institution, zéro politique, zéro réel.

---

1. *L'Âge de l'accès. La révolution de la nouvelle économie*, La Découverte, 2000.

La convergence

Avant tout, précisons que le réseau ne se réduit pas au cyberespace. Dans la « société en réseau »[1], convergent plusieurs notions : Internet, bien sûr (le paradigme), mais aussi la mondialisation (l'économie mondiale en réseau, la logistique planétaire des flux, immatériels ou matériels), la « dérégulation », ou plutôt la crise générale des régulations et des institutions que le réseau remet en question. En fait, le monde zéro serait le produit de trois ordres de phénomènes, différents mais étroitement corrélés, d'ordre technique, économique et idéologique. C'est leur convergence et non, bien entendu, le réseau lui-même, qui est ici en cause.

Dans l'ordre technique, il s'agit d'une part de l'Internet, un dispositif informatique permettant, au moins théoriquement, d'interconnecter tous les hommes de la planète et ouvrant à chacun l'accès à toute l'information numérisée et, d'autre part, du génie génétique qui intervient désormais au cœur des proces-

---

1. « Société en réseau », référence à Manuel Castells, *L'Ère de l'information*. Tome 1. *La Société en réseau (The Rise of the Network)*, 1996, Backwell Publishers, Oxford ; Fayard, 1998. Tome 2. *Le Pouvoir de l'identité. (The Power of Identity)*, Backwell Publishers, Oxford ; Fayard, 1999. Tome 3. *Fin de millénaire (End of Millenium)*, 1998, Backwell Publishers, Oxford ; Fayard, 1999.

sus vitaux. Ces deux révolutions techniques entretiennent des rapports étroits. L'informatique apporte au génie génétique, non seulement des outils pour la connaissance et l'action, mais aussi des modèles, ou tout au moins des métaphores : le code génétique est de plus en plus couramment assimilé au code informatique et le génie génétique s'apparente au moins superficiellement à un « traitement de l'information ».

«... les techniques du génie génétique, sous couvert de déchiffrer les séquences de lettres du grand livre du génome, (...) mettent en œuvre des méthodes dont certaines s'apparentent, en effet, à un traitement de l'information, mais les appliquent à ce qu'elles manipulent comme un "matériau", parfois humain, toujours vivant, dont l'unicité est soumise à des opérations de fragmentation, recombinaison, hybridation, clonage... » [1]

Mais le génie génétique se dispose à régler sa dette, en termes d'outils (les futurs processeurs ADN) et de modèles, ou d'échange de métaphores : des ordinateurs « neuronaux » aux « virus » informatiques.

---

1. Isabelle Rieusset-Lemarié, *La Société des clones à l'ère de la reproduction multimédia*, Avant-propos, Actes Sud, 1999.

Dans l'ordre économique, la sphère marchande parachève sa conquête de l'existence humaine. N'en déplaise aux disciples de Max Weber et de Georges Bataille, le désir n'est plus désormais l'ennemi de la morale capitaliste ascétique, mais bien le moteur de sa créativité et de son développement. Grâce aux techniques du *consumer relationship management* (gestion de la relation client), le marché est désormais à l'écoute du moindre de nos désirs pour lui proposer, *one to one* et *juste-à-temps*, le produit ou service susceptible de l'assouvir. Dans cette perspective, l'individu, comme l'entreprise, tend à externaliser ses propres fonctions dans la sphère marchande des services : on ne fait plus ceci ou cela, on le fait faire par une entreprise ou un agent compétent[1]. Bientôt un *agent de médiation* jouera le rôle d'interface entre chacun de nous et l'ensemble de nos prestataires auxquels il vendra, pour se rémunérer, les informations relatives à notre profil de consommation et à son évolution (rapide) dans le temps, de manière à réaliser notre *lifetime value* (valeur du potentiel de consommation d'un individu). À la limite, l'individu n'est plus rien

---

1. Toutefois, l'humanité ne se divisera pas nécessairement entre vendeurs et consommateurs : avec les sites d'enchères en ligne, six milliards d'humains pourraient, à terme, devenir six milliards de négociants.

d'autre que le sujet désirant cher à certains philosophes de la déconstruction dont on ne peut qu'admirer la capacité à accompagner les mutations de l'économie. Après avoir ainsi investi l'univers matériel puis symbolique, le marketing entreprend d'explorer les « formidables opportunités » du marché de la vie. Et cette économie du désir se déploie irrésistiblement dans l'univers des réseaux : réseaux informatiques de communication et réseaux logistiques de livraison, dans une *logique de l'accès*.

Quant à l'idéologie (post-moderne ?), sous le chatoiement de ses idées-modes, elle s'accorde parfaitement, au fond, avec les motivations des démiurges du marketing et de la recherche-développement – à moins qu'elle ne les inspire. Car c'est précisément quand les techniques permettent de s'affranchir des frontières, au moment où le capital décrète la mobilisation générale des désirs solvables, que les plus branchés d'entre nous se prennent de passion pour la transgression, le nomadisme et l'indifférenciation ; d'une égale phobie des frontières séparant les pays, les sexes, les productions de l'esprit ou les espèces vivantes ; et d'une égale aversion envers *homo sapiens*, cet être médiocre et suffisant dont le génome n'est pourtant qu'à peine deux fois plus riche que celui de la mouche drosophile !

On peut donc raisonnablement craindre (ou espérer) que l'homme de la société en réseau diffère assez nettement d'*homo sapiens*. En d'autres termes, la « révolution » en cours n'est pas seulement technologique, économique, politique ou culturelle : elle a de toute évidence une portée anthropologique. Car, même à génome constant, la vie en réseau affecte notre expérience intime des fondamentaux de l'existence humaine que sont le temps, l'espace, la mémoire, l'identité, les institutions, la vie et ce qu'il est convenu d'appeler le réel. Le réseau dilue les pouvoirs en même temps qu'il engendre une nouvelle forme de pouvoir, le pouvoir du réseau, précisément. Comment alors n'affecterait-il pas aussi cet étant appelé « homme », qui est par nature un être de culture, surtout quand la culture se donne les moyens de transformer la nature ?

Un carnaval sans durée

Le monde en réseau bouleverse notre expérience du temps. Dans un réseau où chaque individu est virtuellement[1] connecté avec tous les autres, chacun peut à tout instant, en tout

---

1. Nous faisons ici l'hypothèse que les six milliards d'humains sont tous interconnectés, par des liaisons haut débit et permanentes.

lieu, être *joint sans délai* par chacun. C'est le règne du « temps réel » ou du « juste-à-temps », qui efface les *délais* et les *temps morts*, en toutes circonstances. Grâce aux prothèses techniques de plus en plus intégrées à notre environnement et, demain, à notre propre corps, nous voici *toujours disponibles, toujours accessibles* aux agents ou aux événements qui surgissent à chaque instant sur le réseau. « Bientôt, les temps morts n'existeront plus dans les voyages en voiture », nous prévient *Le Figaro*[1].

Le nouveau temps du réseau, cet éternel présent qui est une permanente présence, tend à s'imposer dans tous les ordres de l'existence individuelle et collective. Dans l'économie, avec la logistique de la livraison zéro-délai ou juste-à-temps, ou encore l'abolition de toute distinction entre temps de travail et temps de loisir. Dans la politique, avec la saisie et le traitement en *temps réel* de l'opinion. Dans l'éducation avec le *just in time open learning*[2]. Dans la culture même, avec la généralisation de l'hypertexte ou de l'hypermédia, qui interrompt toute forme de lecture

---

1. *Le Figaro*, 11-12 novembre 2000.
2. Enseignement ouvert à distance et juste-à-temps, où l'on acquiert des connaissances, en ligne, au moment précis où l'on en a besoin.

linéaire *durable*, le lien *cliquable* étant l'équivalent dans la vie intellectuelle de ce qu'est un *événement* dans la vie active. C'est l'existence même qui est affectée, lorsque la périodisation de l'existence (un temps pour se former, un temps pour travailler, un temps pour se distraire, etc.) n'a plus cours. « Si tu dors, t'es mort », nous prévient la publicité pour le nouveau concept développé par le Club Med (nom de code : Club Med Bazic). Contrairement à ce que suggère l'étymologie du mot « vacances », l'emploi du temps des néo-membres est passablement chargé. La musique vous prend à dix heures (du matin). Le petit déjeuner est servi à deux heures et demie de l'après-midi. À seize heures une *techno afternoon* prélude à une *fête* qui dure toute la nuit : merguez sur la plage vers cinq heures du matin, « à l'heure où l'on se trompe en disant aujourd'hui », comme dit le poète. Et cela sans compter les activités sportives dont sont menacés les survivants : *hipflot*, *ouga-bouga*, mi-pirogue, mi-drakkar, embarcation *métissée*, en quelque sorte, et *winplot*, jeu qui tient du base-ball et de la balle au prisonnier, sans identité trop affirmée. Bien entendu, un site Internet permet aux membres de cette ruche oisive de *rester en contact*, le reste du temps. Seules concessions à l'ancienne chronologie : le produit vise spécifiquement les *jeunes de dix-huit à trente ans* et les prix varient suivant les *saisons.* Il y a donc encore des saisons au pays des vacances de « rave » ?

Et c'est ainsi que se dessine un *monde sans durée*, où seraient progressivement marginalisées les activités dont l'essence même requiert la durée, celles qui ne peuvent s'exercer qu'à l'abri des événements, en mode *déconnecté* : lire, écrire, parler (ce qui s'appelle parler), étudier, penser, prier, délibérer, légiférer, gouverner...

Car si le réseau fonctionne sur le mode de l'interruption frénétique, il dilue, en revanche, jusqu'à les anéantir les longues interruptions de la vie quotidienne, les « grands moments » qui structurent la vie des hommes archaïques. Le cas de la fête est à cet égard exemplaire, où convergent un phénomène d'organisation (ou plutôt de désorganisation affectant la durée, intime et sociale), une motivation marchande (la fête comme occasion de consommer) et une justification idéologique ou « culturelle », sous l'emprise de la *festivocratie* (Philippe Muray) ou de la *carnavalisation de l'existence* (Umberto Eco).

Dans le monde réel, la fête authentique est une interruption opérée dans le social organisé, sans doute pour le rendre supportable. Les fêtes sont, du reste, généralement programmées (elles rythment le calendrier) et prennent parfois la forme d'une véritable « révolution institutionnelle ». Pendant le renversement carnavalesque, la transgression sous toutes ses formes est tolérée, voire encouragée par les « autorités » pour qu'à la fin même les plus fieffés fêtards demandent grâce et réclament, épuisés, le retour à l'ordre. De la fête, dans ses rapports avec le temps, on peut dire ce que Hakim Bey affirme du soulèvement :

« L'Histoire dit que la révolution atteint la permanence, ou au moins une durée, tandis que le soulèvement est temporaire. Dans ce sens, le soulèvement est comme une expérience maximale, en opposition au standard de la conscience ou de l'expérience ordinaire. Les soulèvements, comme les festivals, ne peuvent être quotidiens – sans quoi ils ne seraient pas non-ordinaires. »[1]

Mais dans le monde fluide, il ne reste plus grand-chose de stable et de durable à interrompre. De même que l'apprentissage ou le débat, la fête, comme le jeu ou le spectacle, s'infiltre partout, sans rencontrer de résistance. La fête postmoderne est à la fête ancienne ce que l'hypertexte est au texte : car il y a mille

---

1. Hakim Bey, *Zones d'autonomie temporaires.*

occasions de faire la fête, de cliquer sur la fête, d'injecter massivement de la fête dans le social, jusqu'à ce que le social lui-même ne soit plus que fête, et que les lendemains de fête soient encore fêtés.

Il y a d'abord la grande nouba permanente de la consommation qui ne se contente pas d'investir les fêtes anciennes (Noël) ou plus récentes (la Fête des mères) mais en développe de nouvelles, comme Halloween en France, pur concept marketing de l'aveu même de son initiateur. Avec la multiplication des identités de synthèse, les X *prides* pourront se substituer à la bien pâle célébration quotidienne des saints du calendrier. Mais la fête s'immisce également de manière désintéressée dans toutes les circonstances de la vie de la cité, y compris la vie politique et les mouvements sociaux. Les manifs s'inspirent directement du carnaval dont elles adoptent tout l'appareil ostentatoire. Même les militants anti-mondialisation, pourtant présumés réfractaires, cèdent au festif : c'est ainsi qu'au mois de février 2001 ils ont organisé à Montpellier un « carnaval anti-mondialisation pour ridiculiser les puissants » (le carnaval a toujours ridiculisé les puissants, qui s'en accommodent le mieux du monde, puisqu'ils en sont bien souvent les sponsors). Ce jour-là, on vit défiler dans les rues de la ville des poules génétiquement modifiées et des vaches (folles ?) en bas résille. Ne peut-on craindre que ce genre de spectacle ne finisse par nous accoutumer à la fréquentation de ces désolants-désopilants OGM festifs ?

Un espace glocal ininterrompu, sans territoire ni frontières

Le réseau n'abolit pas l'espace, mais il entraîne une forte polarisation aux deux extrêmes : le local et le global. Mais dire que le monde devient « glocal » n'exprime rien de plus que : « le monde est en réseau ». Le global, en effet, c'est le réseau, la planète, unifiée par les réseaux de communication, ou encore le cyberespace. Le local, ce sont les nœuds du réseau qui concentrent deux fonctions : nœud de valeur ajoutée sur le parcours des flux économiques et lieu de vie où l'on habite, aussi peu que ce soit.

Du point de vue de la communication, l'espace, comme le temps, est un obstacle. *A fortiori* le territoire, qui est une savante combinaison d'espace et de temps (ce qu'on appelle l'Histoire). Il s'agit donc d'effacer les distances et les frontières. Dans sa chasse aux intermédiaires, *homo reticulus* ne saurait négliger les structures intermédiaires que sont les États-nations et autres ensembles géopolitiques. En termes marxistes, on dirait que les États-nations ne sont plus des échelons pertinents pour l'organisation du capital. Dès lors qu'il devient possible de reconfigurer les réseaux logistiques en fonction des événements, sociaux ou autres, la localisation des activités économiques n'est plus structurelle ni même stratégique mais conjoncturelle. Cela contribue à la dévalorisation des territoires géopolitiques, désormais mis en concurrence et sommés de faire la preuve de leur compétitivité pour accueillir les précieux nœuds de valeur ajoutée, sous peine de délocalisation immédiate. Pour le reste, tourisme aidant, le monde pourrait aussi bien se transformer en un vaste ensemble planétaire de parcs de loisirs.

La dévalorisation territoriale s'exprime aussi par une aversion pour la frontière qui s'oppose à la fluidité, de l'économie et des activités en général : frontières géopolitiques qui délimitent des espaces juridiques où s'appliquent des lois particulières ; frontières culturelles et notamment linguistiques. L'entreprise elle-même – en réseau, éclatée, diluée, *ad hoc* – n'a plus de frontières externes la séparant de ses clients, de ses fournisseurs ou de ses « partenaires », ni de frontières internes tracées par un organigramme.

D'autre part, le développement du génie génétique est en passe d'abolir une autre frontière, celle qui séparait jusqu'ici les espèces, et plus particulièrement l'espèce humaine des (autres) espèces animales, dans une perspective « judéo-chrétienne » où l'homme, en tant que créature, était considéré comme radicalement autre, par rapport à Dieu certes, mais tout aussi radicalement autre par rapport à la nature. Comment justifier une telle discrimination quand on découvre que nous partageons 98% de nos gènes avec les grands singes et que Dieu n'a plus le monopole de la production-distribution de l'ADN ?

Enfin, le rejet de toute délimitation territoriale, de toute séparation est également à l'œuvre dans les territoires institutionnels ou symboliques, qu'il s'agisse des disciplines intellectuelles ou encore d'un art numérique sans œuvre, sans artiste, sans public et sans critique.

« Cet art tout entier est négation du créateur : l'auteur abandonne son œuvre au public. On ne distingue plus le professionnel de l'amateur. L'interaction homme/machine générée par le Net fabrique tous et chacun comme créateur et consommateur de nouvelles technologies, participant et spectateur, artiste et critique de son œuvre. On pourrait parler de "resocialisation", car ce mode de communication artistique présuppose une alternative au modèle pré-existant de l'art. J'entends par là, une communication axée sur le pragmatisme et sur la dématérialisation du territoire de l'artiste. » [1]

Ce qui advient ici à l'art ressemble à ce qui advient à la fête, dans la mesure où l'œuvre d'art est aussi un moyen d'interrompre la banalité quotidienne. L'œuvre plastique, par exemple, interrompt la perception triviale du monde en arrêtant le regard sur une « image » installée dans la durée, ce qui a paradoxalement pour effet de la soustraire aux atteintes du temps. Même les « interventions » chères aux créateurs contemporains visent encore à briser le cours de l'existence banale par l'irruption d'une initiative « artistique ». Et c'est en cela que l'art, même sans motivation politique particulière, est « subversif » : subversion du regard ou subversion du comportement. Mais dans l'espace fluide du réseau, l'art – l'œuvre, l'artiste, le site d'exposition, le public et la critique – doit se dissoudre aussi, et il y parviendra d'autant plus aisément que les artistes s'y

---

1. Roxane Bernier, département de sociologie de l'Université de Montréal.

emploient avec zèle. Quant à l'interactivité qui invite chacun à apporter sa touche (son clic), elle ne fait qu'aggraver le diagnostic de Julien Gracq : tant de mains pour transformer le monde et si peu de regards pour le contempler.

L'horizontalité et l'immédiateté du réseau compromettent deux attributs essentiels de l'expérience artistique : la distance (vis-à-vis de la banalité) et la médiation, qui creuse et comble en même temps cette distance. Elles engagent au contraire l'art dans une convergence avec toutes les autres activités symboliques. Dans un article du *Monde*[1] consacré aux rapports ambigus qu'entretiennent aujourd'hui l'art, la mode et le marché, l'auteur observe que « les clichés des magazines et les œuvres d'art convergent. Au risque de brouiller le statut de l'image ». On ne saurait mieux dire.

If I am not me, den who da hell am I?

Dans son *Phèdre*, Platon s'inquiétait déjà, par la bouche du dieu-roi Thamous (Ammon), des conséquences d'une externalisation de la mémoire humaine au moyen de l'écriture et de ses supports archivables. Car, dit Thamous, « elle [l'écriture] produira l'oubli dans les âmes

---

1. *Le Monde*, 11-12 février 2001.

en leur faisant négliger la mémoire ». Or les supports techniques multimédias et le réseau qui les relient aux hommes suggèrent une externalisation beaucoup plus radicale : la quasi-totalité des signes, vecteurs d'information ou de connaissance, sont désormais numérisables, archivables et accessibles. Et l'on trouve également ment sur le réseau les outils permettant de repérer et d'acquérir le savoir requis juste à temps. À quoi bon, dès lors, s'encombrer la mémoire de connaissances aussi disponibles ? On observera que le *just in time open learning* est à peu près l'antithèse de ce qu'Alain Finkielkraut (et quelques autres) appellent encore « école », lieu fermé où l'on passe son temps à apprendre des choses parfaitement inutiles *just in time*.

D'un côté, la société en réseau tend à l'homogénéisation planétaire des anciennes cultures, par l'action uniformisante des réseaux de communication, du commerce et de l'effacement de la mémoire ; d'un autre côté, la prolifération des communautés virtuelles promet une explosion identitaire. La contradiction n'est peut-être qu'apparente, car uniformisation et fragmentation ne s'opposent pas, mais se co-déterminent : dans la nouvelle économie, le grouillement des start-up n'empêche pas une concentration sans précédent des multinationales.

Mais l'identité ne devrait guère survivre à la mémoire. L'homme amnésique ressemblerait furieusement au « Lone » du jeu d'amnésie www.lone101.com[1] : « Je suis Lone, je suis humain. Pouvez-vous me dire qui je suis, je ne me souviens de rien. » On « refait une mémoire » à Lone, soit en lui passant ses propres souvenirs, soit en lui permettant de trouver les éléments de sa mémoire sur Internet. « Au gré de sa mémoire retrouvée, Lone change peu à peu d'humeur et d'aspect. »

Historiquement, l'identité a connu trois sources qui sont aussi des critères d'allégeance communautaire. Les sources archaïques : ethniques ou religieuses, les plus durables, les plus enracinées, les moins « choisies ». Les sources modernes : identités nationales qui empruntent aux précédentes mais s'inspirent non seulement d'un passé commun mais aussi d'un « projet d'avenir partagé » ; identités sociales, corporatistes ou idéologiques, orientées par des philosophies de l'Histoire. L'identité moderne est déjà moins durable, plus ou moins volontairement choisie. Mais l'identité post-moderne, elle, est librement adoptée, éphémère, jetable : à la carte, en somme. Elle

____

1. On remarquera en passant que le nom du personnage en question signifie *solitaire*...

fait usage des précédentes, pioche indifférem-
ment dans la panoplie des croyances et styles
de vie de tous les lieux et tous les temps,
accommode les ingrédients les plus frivoles :
préférences sexuelles, alimentaires, musicales
ou vestimentaires, profil de consommation, etc.
Sans oublier les néo-religions de synthèse (*New
Age*). L'identité est désormais, elle aussi, sans
durée, ni territoire assignable [1]. Elle est sans
profondeur, réduite à l'horizontalité du réseau.

« Changez de peau quand vous voulez »,
titre la rubrique multimédia du *Figaro*[2]. « Qui
n'a jamais rêvé de changer de vie, d'endosser
une nouvelle identité : d'être, l'espace d'un instant, un ou une autre, fidèle à ses aspirations
les plus profondes ? Et, paré de cette nouvelle
peau, de pouvoir évoluer dans un univers où
tout paraît possible ? » Mais pourquoi diable
s'encombrer d'une peau quand des jeans suffi-
sent à vous façonner une identité, et que vous
pouvez leur donner une forme (la forme de
quoi, au juste ?) comme le révèle, sans fausse
pudeur œdipienne, le photographe Wolfgang
Tillmans : « À partir du moment où ma mère se

---

1. Voir, par exemple, le manifeste de *Because* dans lequel des
bisexuels entendent affirmer leur *identité fluctuante* (*Le Nou-
vel Observateur*, 25-31 janvier 2001).
2. *Le Figaro*, 26 septembre 2000.

débarrassa de mes jeans préférés sous prétexte qu'ils étaient troués, j'ai réalisé combien ils pouvaient avoir du sens à mes yeux. L'idée que les vêtements sont une part de vous-même et qu'ils façonnent votre identité ou que vous leur donnez une forme est quelque chose que j'essaie d'analyser dans mon travail [...]. » [1]

La préférence pour l'identité fluide trouve également à s'exprimer dans la production de personnages artificiels sur le Net, avatars de l'internaute. Dans le projet Lifedrop (www.virtual-worlds.net/lifedrop), on clone des créatures numériques, avant de jouer avec leur ADN. Dans la Technosphère d'écologie synthétique conçue par une artiste multimédia (www.technosphere.org.uk), Jane Prophet (*sic*) et un informaticien, Gordon Selley, des milliers de créatures dotées d'une vie artificielle autonome évoluent dans un monde 3D où l'internaute peut choisir à volonté les attributs de sa créature, à l'exception de son sexe, car elles sont toutes nécessairement hermaphrodites : par application, du principe de précaution, et afin d'épargner au monde virtuel les fâcheuses différences qui affligent le monde réel sexué ? Ces créatures ne préfigurent-elles pas les chi-

---

1. *Le Monde* du 11-12 février 2001, citant une interview de l'artiste dans le magazine *Sleazenation* de septembre 2000.

mères du génie génétique, homme-veau, vache, cochon, poulet ?

Ainsi, non seulement les identités se délitent au sein de l'espèce humaine unifiée, mais l'identité spécifique de l'homme est appelée à se fondre dans la grande soupe biologique[1]. On peut alors légitimement se poser l'intéressante question qui hante le Douglas Quaid de *Total Recall* : « *If I am not me, den who da hell am I?* »[2]

Critique de la raison connectique

Si l'Internet permet de numériser toutes les connaissances, tous les livres, toutes les toiles, tous les concerts, mais aussi tous les débats, toutes les prières... cela signifie que l'Internet recèle, « virtuellement », toutes les bibliothèques, tous les musées, toutes les écoles, tous les parlements et toutes les églises. Mais, dans ces conditions, est-il encore bien nécessaire de conserver à grand frais des bibliothèques, des musées, des écoles, des parlements, des églises... Bref : des institutions ?[3]

---

1. On trouvera des références édifiantes sur le site http://www.multimania.com/terresacree/manipgen.htm.
2. « Mais, qui suis-je donc, si je ne suis pas moi ? »
3. Est-il même bien nécessaire de produire encore des livres, puisque le gigantesque hypertexte de l'Internet recèle virtuellement tous les livres, à l'image de la fameuse bibliothèque universelle imaginée par Borgès ?

Un rapport étroit lie durée et institution. Parce que les institutions durent, bien entendu, mais surtout, comme on l'a vu à propos de l'école, parce qu'elles accueillent et protègent le droit de chacun à jouir de la durée, contre l'irruption des événements qui en sont tenus écartés. Quand les événements pénètrent dans les institutions, c'est généralement par effraction – le peuple soulevé ou les généraux putschistes au Parlement, la rue dans l'école, la télévision dans le prétoire... On peut alors parier que ces institutions violées sont « en crise » ou « en révolution » ou « obsolètes ». D'où un test efficace pour vérifier si une institution est encore vivante : est-ce qu'on vous demande, quand vous y pénétrez, d'éteindre votre téléphone portable ? Est-ce que ce lieu-là échappe encore à l'irruption inconditionnelle du réseau ?

Certaines institutions semblent démentir le pronostic d'obsolescence : l'entreprise, la bourse, l'agence de presse. Mais ce sont précisément les plus spontanément adaptées à l'organisation en réseau. Selon Jean-Joseph Goux[1], la bourse serait même le paradigme de l'institution post-moderne. La bourse, ou plutôt les enchères qui permettent de réguler au plus

____

1. *La Frivolité de la valeur. Essai sur l'imaginaire du capitalisme*, Blusson, 2000.

juste l'offre et la demande, qu'il s'agisse de biens matériels, de programmes de télévision ou de modules de formation en ligne. À la suite de l'entreprise, première à expérimenter sa solubilité dans le réseau (sans doute parce qu'une entreprise n'est qu'une pseudo-institution, de même qu'elle est une pseudo-communauté porteuse d'une pseudo-culture), les autres institutions pourraient à leur tour devenir « virtuelles », et les activités qu'elles abritent (éducation, politique, etc.) seraient alors, de même que l'économie, progressivement diluées dans le réseau.

Les institutions politiques sont parmi les plus menacées par l'obsolescence. Une communauté politique souveraine se détermine par des frontières à l'intérieur desquelles s'applique une loi spécifique : mais que lui advient-il dans un monde sans frontières, ni échelons intermédiaires [1], entre global et local ? Entre les deux, il y a, non pas rien, mais des configurations éphémères, susceptibles d'être redessinées à volonté, juste-à-temps. Ce pourrait être le cas, par exemple, de « l'Europe » (l'Union européenne), réduite à l'état de processus ouvert. Elle ressemblerait alors à la cyberentre-

---

1. De manière générale, les adeptes du réseau déprécient les *intermédiaires* au moins autant que les frontières.

prise sans frontières, virtuelle, c'est-à-dire, au sens propre du mot, en-deçà de toutes ses réalisations possibles, redessinée en fonction des projets ou des circonstances, *ad hoc* ? Une Europe hypertexte, en somme. Lorsque Régis Debray doute[1] de la consistance de l'Europe des européistes (qu'il oppose à l'Europe des Européens), il ne fait qu'établir une liste de carences, qui ne sont pas ce qui manque à l'Union, mais bien ce qui pourrait disparaître dans le réseau : identité, frontière, communauté (le « nous » qui rassemble en s'opposant, face à l'Autre de l'Europe), différence, « grand récit » (versus hypertexte ?). Est-il bien nécessaire, dans ces conditions, de disposer d'autre chose que d'un cadre à géométrie variable pour assurer « la gestion pacifique de nos divergences d'affinités ou d'intérêts » ?

Le « déclin du politique » se manifeste également par la crise des régulations. Il existe différents modes de régulation économique et sociale : la loi, les libres accords entre acteurs autonomes (la « co-régulation »), l'opinion et les médias, le marché, les régulations techniques (comme le code de la route où les protocoles de l'Internet, par exemple).

---

1. Régis Debray, dans *Le Monde* du 16 février 2001. Article publié en version intégrale sur le site www.lemonde.fr

La société en réseau est dépourvue de régulation globale – ni le monde, ni le cyberespace n'ont de « Constitution » – et certains modes de régulation y semblent défaillants, au profit d'autres, mieux appropriés. La loi, en particulier, se révèle difficilement applicable, pour au moins trois raisons. L'accélération du « changement » dans un monde sacrifiant la durée, que requièrent, au contraire, la loi et le règlement. La remise en cause des frontières : une loi s'applique sur un territoire donné, mais quand il s'agit notamment de l'Internet, la détermination du territoire législatif soulève quelques difficultés. Enfin, une certaine perte de légitimité du politique, qui s'exprime parfois de manière véhémente dans les forums pourtant ouverts par les pouvoirs publics eux-mêmes à l'occasion de tel ou tel débat sur la « société de l'information ».

Du coup, d'autres modes de régulation prennent le pas : à l'évidence, le marché, la co-régulation (les accords entre les puissants de la nouvelle économie), mais aussi les codes techniques – dans un monde virtuel où, comme on le verra, le code devient le déterminant de toute réalité. La difficulté technique est systématiquement opposée à la mise en place de régulations juridiques ou politiques sur le Net : « Il est techniquement impossible d'exercer tel ou tel contrôle. »

Et l'opinion ? Verra-t-on se développer une régulation par l'opinion, indépendamment des médias d'influence, avec le développement d'un espace public à l'échelle de la planète ? Il est vrai que la quasi-totalité du cyberespace est publique : il suffit pour y accéder de taper une adresse URL dans la zone appropriée de son navigateur. D'où l'utopie d'une « agora planétaire » permettant à chacun des six milliards d'humains d'exercer des droits jusqu'ici réservés aux habitants des demi-cantons suisses. Mais il ne suffit pas d'un dispositif de communication pour constituer une agora. Un espace public requiert une langue et des références culturelles communes, faute desquelles aucun débat n'est possible, ainsi que des institutions et des médiateurs – et l'on a vu ce qui advient aux unes et aux autres dans le tout-réseau.

Par ailleurs, la notion même de « public » connaît d'étranges mutations : tandis que, dans le monde réel, on privatise à tour de bras (jusqu'au génome en voie de brevetabilité), dans le même temps, grâce au *peer to peer*[1], des inter-

---

1. Littéralement : de pair à pair. Il s'agit d'une organisation dans laquelle chacun communique directement avec chacun (« en réseau ») sans passer par un serveur central.

nautes réagissent en « ouvrant au public » le contenu du disque dur de leur ordinateur personnel. Expulsé de l'agora, le public se reconstitue spontanément, dans la plus stricte intimité.

Pour autant, ni la disparition des institutions ni le déclin du politique n'entraînent la régression du pouvoir, bien au contraire. Le pouvoir, pour s'exercer, a besoin de saisir ses sujets dans un territoire, dans un espace institutionnel de légitimité – dans un espace mental de servitude consentie, diraient les plus méfiants à l'égard de tout pouvoir. Or le réseau dissout non seulement les frontières territoriales, mais aussi les frontières des institutions. Il dissout les identités statutaires du pouvoir (les « autorités »), et les catégories intellectuelles où le pouvoir s'enracine. Il dissout enfin sa légitimité même, dans un espace radicalement autre où la présence des autorités est incongrue.

Mais en même temps, le réseau livre des instruments à un pouvoir plus subtil et plus implacable. En effet, la « mise en réseau » permet aux organisations, devenues virtuelles, d'échapper au destin des organisations réelles, établies dans l'Histoire, à savoir s'user, dépérir et périr. L'organisation en réseau peut, elle, se reconstituer à chaque instant en fonction des nécessités : elle devient en quelque sorte immortelle. Et enfin, le réseau sécrète un pouvoir propre, inlassable, en rendant chacun en permanence accessible, disponible à tous les autres membres du réseau. Les prothèses techniques dont nous nous équipons fébrilement (à commencer par le téléphone portable) ressemblent à cet égard aux bracelets électroniques des prisonniers dans la ville. Plus de chef institué, donc, mais d'innombrables solliciteurs, prêts à s'immiscer dans ma vie à chaque instant. Des trois sources « weberiennes » du pouvoir, deux s'estompent : le charisme (par dilution des identités), la tradition (dans un monde sans durée ni mémoire). Reste la troisième, la rationalité, qui prend la forme inédite de la raison connectique. La seule façon de s'affranchir serait alors la déconnexion. Mais serons-nous vraiment libres de nous déconnecter [1]?

Alors commencera une nouvelle histoire, au-delà de l'humain

Virtuel est l'un des mots les plus fréquents dans le vocabulaire des experts de l'Internet : réalité virtuelle, communautés virtuelles, entre-

---

[1]. On verra peut-être émerger un nouveau clivage social entre ceux qui peuvent se déconnecter et ceux qui doivent répondre présent en permanence à l'injonction électronique.

prise virtuelle... Mais que signifie au juste ce mot ?

« Virtuel, elle. adj. (...). Philo. ou littér. Qui n'est qu'en puissance, qui est à l'état de simple possibilité dans un être réel, ou (plus cour.) qui a en soi toutes les conditions essentielles à sa réalisation. V. Possible, potentiel. – Subst. masc. Le possible, le probable et le virtuel. "Être homme, c'est se sentir... comme une multiplicité d'êtres virtuels, et être artiste, c'est amener... ce virtuel à l'existence" (Thibaudet)... » (*Petit Robert*).

La question des rapports entre le virtuel et le réel agite les esprits depuis la plus Haute Antiquité. Elle oppose, entre autres, Aristote à Platon. Pour Aristote, le virtuel, en puissance, c'est quelque chose qui n'est pas encore réel, qui n'a pas encore accédé à la dignité du réel, qui n'y accèdera peut-être jamais, puisque seule une partie du virtuel sera réalisé (en acte) et le reste avorté... Le réel, selon Aristote, c'est plus et mieux que le virtuel. Pour Platon au contraire, le réel n'est que du virtuel dégradé, des ombres éphémères et insaisissables sur la paroi de la caverne. Les Idées seules sont pures, éternelles, immobiles. Or, le cybermonde ressemble plutôt au monde de Platon qu'à celui d'Aristote, à cette différence près que les Idées platoniciennes y sont remplacées par le code[1]. Code binaire dont la maîtrise permet de produire, reproduire, modifier à volonté des « réalités » arbitraires : des images, des œuvres d'art, des produits, des mondes (mondes virtuels ou mondes de réalité virtuelle), et aussi, par la manipulation du « code » génétique, des êtres vivants, des animaux et, demain sans doute, des humanoïdes.

Aussi, revendiquer la propriété de son corps, c'est peut-être déjà se tromper sur les enjeux. Anticipant comme toujours sur les juristes, un artiste, Larry Miller, s'est avisé que nous ne sommes pas légalement propriétaires de nos gènes : il propose donc aux visiteurs de son site Web[2] d'éditer un certificat de copyright pour leur propre génome et devenir ainsi *a Certified Original Human Being*.

Ainsi, le réel ne disparaît peut-être pas du mode en réseau, mais, comme le territoire, il se trouve dévalué, parce qu'indéfiniment productible et reproductible. Et cette dévalorisation du réel affecte même ce qu'il y avait jusqu'ici de plus réel dans le réel : notre propre corps[3].

---

1. Dans son état le plus abouti, la théorie platonicienne considère du reste les Idées comme des *Nombres*.
2. http://www.creativetime.org/dnaid/copyright.html
3. Voir David Le Breton, *L'Adieu au corps*, Anne-Marie Métailié, Paris, 1999.

Du caractère « ouvert » de la science, Francis Fukuyama tire des conclusions saisissantes :

« Le caractère ouvert des sciences contemporaines de la nature nous permet de supputer que, d'ici les deux prochaines générations, la biotechnologie nous donnera les outils qui nous permettront d'accomplir ce que les spécialistes d'ingénierie sociale n'ont pas réussi à faire. À ce stade, nous en aurons définitivement terminé avec l'histoire humaine parce que nous aurons aboli les êtres humains en tant que tels. Alors commencera une nouvelle histoire, au-delà de l'humain. » [1]

Et sur cet au-delà de l'humain, Isabelle Rieusset-Lemarié [2] nous ouvre des perspectives artistiques non moins passionnantes :

« La société des clones, ce n'est pas l'univers aseptisé pourvoyeur d'ennui de créatures banales à force d'être standardisées, c'est la prolifération métamorphique des créatures transgéniques, du porc à organes humains à cette oreille poussée sur le dos d'une souris ! Effet singulier garanti, à défaut de l'unicité : c'est de l'"art vivant", de l'art conçu à même le vivant... »

---

1. *Le Monde*, 17 juin 1999.
2. *La Société des clones à l'ère de la reproduction multimédia*, Avant-propos, *op. cit.*.

On conviendra qu'à côté de cela les inquiétudes d'Alain Finkielkraut sur la pérennité de l'école républicaine sembleraient presque futiles.

Récapitulons dans la forme d'un « manifeste pour l'avènement de l'homme nouveau »

Attendu que la science, la technique et le commerce se révèlent de toute évidence plus propices à la paix, à la prospérité et au bonheur que les voies irrationnelles où se sont enlisés l'esprit et l'énergie des hommes (élucubrations et préjugés religieux, philosophiques ou idéologiques).

Attendu que ces égarements ont abouti à des impasses, voire à des monstruosités, telles les guerres intraspécifiques (rarissimes dans les autres espèces animales), jusqu'au possible auto-anéantissement de l'espèce humaine.

Attendu que le réseau abolit enfin l'espace, le temps et les frontières qui ont engendré dans le passé des cultures fermées, hostiles et intolérantes, et cela pour le plus grand bien d'une humanité unifiée, utopique (jamais nulle part, ni de nulle part) et uchronique (sans temps morts), autant dire pacifiée, bienveillante et festive.

Attendu que le réseau nous dispense d'encombrer nos mémoires de connaissances désormais accessibles *just in time* à tous et à chacun, effaçant du même coup les inégalités intellectuelles et culturelles.

Attendu que le réseau dissout les identités et communautés aliénantes qui sont les prisons de la conscience au profit d'identités de synthèse librement consenties et révisables, et de communautés virtuelles parfaitement poreuses, permettant du même coup d'éliminer l'intolérance, les conflits intra-spécifiques motivés par les différences, ainsi que l'enfer en la personne de l'Autre.

Attendu qu'ainsi affranchi de toute appartenance durable à une communauté stable et fermée, l'homme nouveau ne doit pas pour autant s'isoler dans l'individualisme, puisque chacun est à chaque instant et en tout lieu accessible, virtuellement avec-tous-les-autres, et que sa mémoire personnelle s'étiole, lui épargnant tout vain colloque avec lui-même.

Attendu que le réseau périme définitivement les institutions hiérarchiques de toute nature qui figent les inégalités, appauvrissent la communication et brident la créativité.

Attendu enfin que les progrès de l'ingénierie génétique se conjuguent avec ceux de l'informatique pour donner à l'homme la maîtrise totale de son propre patrimoine génétique (afin de programmer l'espèce conformément aux idéaux ci-dessus affirmés) et lui ouvrent la perspective de l'immortalité, sans discrimination à l'égard des autres espèces vivantes.

En conséquence, les représentants les plus évolués de l'espèce (pour le moment)...

Exigent l'interconnexion de la totalité des humains par des liaisons haut débit permanentes permettant à chacun de se brancher en toutes circonstances, en mode sédentaire ou mobile, et de se rendre ainsi disponible à tous les autres.

S'engagent à lutter par tous les moyens contre les obstacles et les résistances à la mise en réseau.

S'engagent à décourager les comportements antisociaux requérant une forme quelconque d'isolement, individuel (méditation, prière, lecture...) ou collectif (salon, concert, théâtre, messe).

S'engagent à pourchasser les préjugés qui valorisent abusivement les figures historiques ou symboliques de l'intériorité, ermites, moines, chercheurs individuels et autres solitaires. Les œuvres d'art qui, tel *Le Penseur* de Rodin, pourraient suggérer des comportements dangereux, ne seront plus exposées, à moins que l'exposition ne soit accompagnée de mises en garde explicites.

Nota Bene. Des exceptions seront consenties :

– en faveur du Bouddha, dans la mesure où sa méditation – *a priori* condamnable en tant que telle – le conduit en définitive à s'évader de la prison du moi ;

– en faveur des seuls chercheurs en réseau dont les travaux ont pour objet exclusif, d'une part l'amélioration des performances du réseau et des dispositifs d'accès et de navigation et, d'autre part, le développement de l'ingénierie génétique.

S'engagent à truffer les institutions résiduelles de connexions performantes, de façon à en hâter la dissolution dans le réseau.

S'engagent, conformément au principe de précaution[1], à pratiquer une relecture critique et un *reengineering* sélectif des constructions philosophiques produites par *homo sapiens.*

Les moteurs de recherche afficheront systématiquement des avertissements et des résumés *ad hoc*, ainsi que des publicités judicieusement choisies, en tête des listes de résultats de

---

1. Simple précaution, sans doute, car on voit mal, si le programme est bien exécuté, comment les internautes pourraient trouver le temps et la motivation nécessaires à la lecture de ces ouvrages.

recherches mentionnant ces œuvres ou leurs auteurs.

À titre d'exemple...

Tous les systèmes philosophiques qui, d'Aristote à Kant, mettent en valeur les catégories et autres formes de séparation ou de détermination seront présentés comme des curiosités historiques. La *Critique de la raison pure* est décrétée obsolète pour cause d'abolition du temps et de l'espace, et l'impératif catégorique du même Kant s'énonce désormais : « *Connect* ! ». Les monades de Leibniz sont assimilées aux nœuds du réseau et chacune reflète le tout (c'est-à-dire le réseau), et peut donc s'affranchir de tout contenu. En revanche, le Dasein de Heidegger s'effondre, puisqu'il n'y a plus de « *da* ». *A contrario*, on s'attachera à mettre particulièrement en valeur, de préférence sous forme de fragments en hypertexte, les spéculations théologiques, occultistes ou utopiques conformes à nos idéaux.

S'engagent enfin à faire progresser partout l'information pour faire reculer l'entropie qui est l'agent de la mort.

La toile de Pénélope

Cette description caricaturale (on l'espère !) du monde zéro relève-t-elle du pur fantasme ?

Est-on bien certain que notre « projet de manifeste » ne recueillerait pas, déjà, de nombreuses signatures enthousiastes s'il était mis en ligne ? À coup sûr, un grand nombre de nos contemporains seraient prêts à signer au moins quelques-uns des attendus et des engagements qu'ils entraînent.

En tout cas, le danger, si danger il y a, est moins le fruit de l'existence même du réseau, que des idées et des aspirations obscures que le réseau réactive en leur ouvrant la perspective d'une réalisation possible. Comme l'a bien montré Armand Mattelart dans son *Histoire de l'utopie planétaire*[1], c'est pour ainsi dire la même utopie qui s'exprime de manière récurrente, de la cité prophétique à la société globale. Il cite entre autres une Épître de saint Paul aux Éphésiens où le corps du Christ fait irrésistiblement penser aux visions les plus lyriques de... l'Internet :

« Ainsi nous ne serons plus des enfants, ballottés, menés à la dérive, à tout vent de doctrine, joués par les hommes et leur astuce à nous fourvoyer dans l'erreur. Mais, confessant la vérité dans l'amour, nous grandirons à tous égards vers celui qui est la tête, Christ. Et c'est de lui que le corps tout entier, coordonné et

---

1. Armand Mattelart, *Histoire de l'utopie planétaire. De la cité prophétique à la société globale*, La Découverte, 1999.

bien uni grâce à toutes les articulations qui le desservent, selon une activité répartie à la mesure de chacun, réalise sa propre croissance pour se construire lui-même dans l'amour. »[1]

Beaucoup plus près de nous, l'allocution d'un ministre, à l'occasion de la création de l'Union internationale du télégraphe (1865), a des accents étonnamment familiers :

« Nous sommes ici réunis en véritable congrès de la paix. S'il est vrai que la guerre ne provienne souvent que de malentendus, n'est-ce pas en détruire l'une des causes que de faciliter entre les peuples l'échange des idées et de mettre à leur portée ce prodigieux engin de transmission, ce fil électrique, sur lequel la pensée, comme emportée par la foudre, vole à travers l'espace et qui permet d'établir un dialogue rapide, incessant, entre les membres dispersés de la famille humaine ? »

En combinant l'un et l'autre texte, on pourrait en produire un troisième qui ne surprendrait pas sous la plume de... Pierre Lévy. Il y a pourtant quelque chose de nouveau, à l'ère de la société des réseaux.

D'une part, Internet ne représente pas une « étape » du progrès technique, mais à bien des

---

1. Cité par Armand Mattelart, *op. cit.*

égards un aboutissement. Pour la première fois, et même si l'on est encore loin du compte, il devient en effet concevable d'interconnecter individuellement tous les « membres dispersés de la famille humaine » par un dispositif « coordonné et bien uni grâce à toutes les articulations qui le desservent, selon une activité répartie à la mesure de chacun » et qui « réalise sa propre croissance pour se construire lui-même dans l'amour ». Ce « construire lui-même » (dans l'amour ?) évoquant irrésistiblement, du reste, les manipulations génétiques que l'on sait.

Ce qui est nouveau, d'autre part, c'est ce que nous avons appelé le parachèvement de la conquête de l'existence humaine par la sphère marchande.

Ce qui est nouveau, enfin, c'est que si les idéaux formellement affichés par l'utopie s'inspirent bien souvent de ceux d'un humanisme lui-même héritier de traditions religieuses bimillénaires (et que résume assez bien notre triptyque républicain : liberté, égalité, fraternité), les idées nouvelles envisagent, sans trop de regrets la disparition de l'homme lui-même, ou tout au moins d'*homo sapiens*, concepteur et porteur de ces idéaux.

Un humanisme sans l'homme, tel est le paradoxe qu'il nous faut affronter et résoudre, car cette formule est fondamentalement instable.

Car l'être dont nous avons dressé un portrait outrageusement forcé s'apparente davantage à certains groupes d'insectes sociaux les plus évolués qu'à *homo sapiens*, son ancêtre. Ni fourmi, ni termite (insectes industrialistes, type « deuxième vague »), mais plutôt lépido-ptère :

« On redoutait Métropolis, six milliards de fourmis saint-simoniennes. Mais voici Techno-polis, six milliards de papillons, dispersant six mille milliards de coockies dans l'universel sans totalité ! Nul ne sait si les papillons sont plus heureux que les fourmis, mais plus cools, assurément. » [1]

L'importance stratégique des dispositifs de communication (naturels chez l'insecte, tech-niques chez l'homme), l'abolition de toute forme d'individualisme authentique (identités de synthèse), renforcent l'analogie. Mais il fau-drait sans doute remonter beaucoup plus haut dans le processus de l'évolution pour rencon-trer les espèces primitives, immortelles parce qu'indifférenciées, qui inspirent le cahier des charges de l'homme nouveau.

---

1. Paul Soriano, *Lire, écrire… dans la société de l'information,* Descartes et Cie, 1999.

La liberté humaine est, dit-on, le fruit d'une défaillance : animal dépourvu de dispositifs instinctifs de régulation auxquels se substituent laborieusement des institutions périssables, l'homme va-t-il enfin rentrer dans le rang ? Et que peut bien viser la technique, du reste, sinon atteindre à l'efficacité inconsciente propre à l'instinct ? En dépit des répulsions qu'il peut inspirer, en viendra-t-on à louer *homo sapiens* pour avoir eu le mérite historique d'organiser sa propre évolution et le courage cosmique de consentir à sa propre disparition ?

** * **

Mais gageons plutôt que cet insecte-là conservera suffisamment de nostalgies « humanistes » pour consentir aux derniers *sapiens* l'asile que leur proposait déjà, dans les années trente du siècle dernier, un homme qui n'avait jamais entendu parler de l'Internet :

« Il faudra bientôt construire des cloîtres rigoureusement isolés où ni les feuilles ni les ondes n'entreront.... On y méprisera la vitesse, le nombre, les effets de masse, de surprise, de contraste, de nouveauté et de crédulité. C'est là qu'à certains jours on ira, à travers les grilles, considérer quelques spécimens d'hommes libres. » [1].

Une grande partie des idées qui inspirèrent l'humanisme, fût-ce à son insu et même à son corps défendant, furent recueillies, cultivées et transmises en ces cloîtres qui n'étaient pas, tant s'en faut, rigoureusement isolés et parfois même en réseau. Peut-être faudra-t-il en passer par ces espaces clos, ouverts sur l'infini, par ces îlots, pour entreprendre une reconquête dont les agents, rusés comme Ulysse et fidèles comme Pénélope (à moins que ce ne soit l'inverse), maîtriseront aussi l'art de la navigation et celui de la... Toile.

---

1. Paul Valéry, *Regards sur le monde actuel*.

Alain Finkielkraut est écrivain, professeur à l'École polytechnique et producteur de l'émission Répliques à France Culture.

Paul Soriano dirige un institut de prospective dont les travaux portent sur l'économie et la société en réseaux. Il est administrateur du chapitre français de l'Internet Society (où il anime le groupe Tocqueville, « Internet et le politique ») et de l'Association pour le commerce et les échanges en ligne. Il préside par ailleurs le CICV Pierre Schaeffer, centre international de création dans le domaine des arts numériques.